Renate Welsh
Julie auf dem Fußballplatz

Die Autorin:

Renate Welsh lebt als freie Schriftstellerin in Wien. Seit vielen
Jahren ist sie bekannt für ihre sozial engagierten Kinder- und
Jugendbücher. Ihre Bände wurden häufig ausgezeichnet, da-
runter mehrfach mit dem Österreichischen Staatspreis, dem
Preis der Stadt Wien und dem Deutschen Jugendliteratur-
preis.
Weitere Titel von Renate Welsh bei dtv junior: siehe Seite 4

Renate Welsh

Julie auf dem Fußballplatz

Mit Zeichnungen
von Els Cools
und
Oliver Streich

Deutscher Taschenbuch Verlag

Von Renate Welsh sind außerdem bei dtv junior lieferbar:

In der Reihe dtv junior Lesebär – große Druckschrift:
Das Vamperl, Band 7562
Vamperl soll nicht alleine bleiben, Band 75016

Drachenflügel, Band 70265
Melanie Miraculi, Band 70299
Drittes Bett links, Band 70358
Spinat auf Rädern, Band 70368
Eine Krone aus Papier, Band 70398

Eine Hand zum Anfassen, dtv pocket 7880
Schneckenhäuser, dtv pocket 78060

Ungekürzter Text,
in neuer Rechtschreibung, Stand 1996
Mai 1997
Deutscher Taschenbuch Verlag GmbH & Co. KG, München
© für den Text: 1984 Esslinger Verlag J. F. Schreiber GmbH,
Esslinger Edition J&V, Esslingen
© für die Illustrationen: 1997 Deutscher Taschenbuch Verlag
GmbH & Co. KG, München
Umschlagkonzept: Balk & Brumshagen
Umschlagbild: Els Cools und Oliver Streich
Gesetzt aus der Garamond 12/15˙
Gesamtherstellung: Kösel, Kempten
Printed in Germany · ISBN 3-423-70432-2

INHALT

1. KAPITEL

»Es gibt solche und solche«, sagt Herr Kirschner. »Aber leider mehr solche!«

Julie trödelte auf dem Heimweg.

Trödeln war notwendig nach der Schule. Sie musste die Schule aus dem Kopf kriegen. Sonst war für nichts anderes Platz.

Der Polizist an der Kreuzung blickte streng. Julie ging schneller bis zur Seitengasse. Sie glaubte längst nicht mehr, dass er ihretwegen streng blickte. Früher hatte sie gemeint, die Mutter hätte mit ihm gesprochen. »Passen Sie doch bitte auf, ob meine Julie wieder trödelt.« Seit Jahren wusste sie, dass das Unsinn war. Trotzdem ging sie automatisch schneller, sobald sie ihn sah.

An der Feuermauer, die in die Gasse ragte, hing ein Plakat. Darauf war eine Frau abgebildet, die hatte nur ein Tuch um die Hüften geschlungen. Drei Zwölf- oder Dreizehnjährige standen davor und malten mit Filzstiften einen Schal um die Schultern der Frau. Halbkreis neben Halbkreis,

ganz regelmäßig. Wie gehäkelt. Sie malten sehr ordentlich.

Dabei stießen sie einander an und kicherten und lachten.

Häkeln! dachte Julie.

Die Mutter hatte zartlila Wolle heimgebracht. »Da kannst du für die Oma einen schönen Schal häkeln.« An dem Ton der Mutter war deutlich zu merken, dass Julie sich freuen sollte.

Julie freute sich nicht.

Heute oder spätestens morgen würde die Mutter wieder nach dem Abendessen sagen: »Komm, Julie, hol deine Handarbeit.«

Im Rinnstein lag eine zerbeulte Zigarettenschachtel. Julie kickte sie vor sich her. Die Schachtel war schon ziemlich flach. Es war gar nicht so einfach sie zu kicken.

Jetzt muss ich das Kanalgitter treffen, sagte sich Julie.

Die Schachtel flog in hohem Bogen.

Sie landete genau in der Mitte des Kanalgitters.

Julie ließ sie dort liegen.

Klar, es wusste keiner, dass sie dorthin gezielt hatte. Aber sie wusste es.

Spätestens morgen früh würden die Straßenkehrer kommen und die Schachtel wegkehren. Vielleicht kam noch viel früher ein Windstoß, der sie wegtrug, oder ein Hund, der mit der Schachtel spielte. Egal. Bis dahin sollte sie hier liegen.

Als Julie klein war, hatten die Brüder im Urlaub mit ihr Fußball gespielt. Auf dem Strand.

Schön war das damals. »Du hast ja ein richtiges Ballgefühl«, sagten die Brüder. Der Vater spielte auch oft mit, in den ersten Jahren. Sie lernte dribbeln und passen und köpfeln und austricksen.

Einmal spielten sie in Griechenland neben der Taverne, wo sie zu Mittag gegessen hatten. Es war auf einem Feld mit einer Steinmauer ringsum. Eigentlich war das die Weide für einen Esel. Der Ball fiel immer wieder in die Eseläpfel. Manchmal schrie der Esel laut, wenn der Ball an ihm vorbeiflog. Das klang wie eine Mischung aus Auslachen und Schmerzensschrei. Julie wusste nicht mehr, in welchem Jahr das gewesen war. Aber sie war sicher noch sehr klein damals, denn der Esel war in ihrer Erinnerung so groß wie ein Haus. Ein paar Mal fiel sie in die Disteln, aber das machte ihr gar nichts aus. Fast gar nichts. Immer wieder riefen die Brüder: »Bravo, Julie!«

Jetzt fuhren die Brüder allein in Urlaub.

Später, in der dritten oder vierten Klasse, hatten die Buben begonnen in den Pausen Fußball zu spielen. Zuerst wollten sie Julie nicht mitspielen lassen. »Das ist nichts für Weiber«, sagten sie. Sie nahm dann ihren Fußball mit in die Schule und dribbelte allein vor sich hin. Die Mädchen in der Klasse spielten inzwischen dieses blöde Spiel, wo der Ball immer an dieselbe Stelle der Wand geworfen wurde. »Ich bin ein Student und wasch' mir die Händ'…« Einmal schauten die Buben ihr zu und von da an spielte Julie mit ihnen. Manchmal sogar als Mittelstürmer.

Im vergangenen Frühling war es plötzlich aus. Da kamen Stefan und Gregor in die Jugendmannschaft. Sie kamen in einen richtigen Verein. Von da an verjagten sie Julie, wenn sie zum Platz kam. »Weiber brauchen wir nicht. Nicht zum Fußballspielen.« Das tat Julie ziemlich weh.

Seither war Julie meist allein in den Pausen. Den Fußball nahm sie nicht mehr mit in die Schule.

Heute war Dienstag. Noch Mittwoch-Donnerstag-Freitag.

Aber dann kam der Samstag. Und am Samstag war das Spiel Orange-Grün gegen die Blauen an-

11

gesetzt. Die Orange-Grünen waren Julies Klub. Diesmal mussten sie gewinnen.

Eigentlich hätten sie ja schon das letzte Spiel gewinnen müssen. Aber der Schiedsrichter, der hatte bei den ärgsten Fouls der Blauen weggeschaut. Auch als der Willi wimmernd auf dem Boden lag und sich krümmte, hatte der Schiedsrichter nicht mit der Wimper gezuckt. Ihr ganzer Sektor pfiff und schrie, aber dem Kerl machte das nicht einmal gar nichts aus. Der scherte sich um nichts. Brauchte er auch nicht.

So ein Schiedsrichter, der war ja ein Kaiser.

Es müsste schön sein so einem einmal die Meinung zu sagen. Den nach dem Spiel allein zu erwischen.

»Es gibt solche und solche«, sagte Herr Kirschner immer. »Aber leider mehr solche.« Das stimmte – und nicht nur bei Schiedsrichtern. Auch bei Lehrern zum Beispiel. Bei Erwachsenen überhaupt. Und bei Kindern übrigens auch.

2. Kapitel
Gebackene Mäuse und ein lila Schal

Julie stand vor dem Haus. Sie kramte in ihrer Schultasche. Natürlich war der Wohnungsschlüssel wieder nicht zu finden. Sie schüttelte die Schultasche. Es klirrte. Also war er irgendwo. Etwas stach sie in die Fingerspitze.

Das war ja der Sticker. Sie hatte gedacht, sie hätte ihn verloren. »Bleib mir fern ich boxe gern«, stand darauf. Sie steckte sich ihn an den Pullover. Dann holte sie die Papiertaschentücher und die Butterbrotpapiere der letzten drei Tage heraus und zerknüllte sie. Aber wo zum Kuckuck... Da war er ja, der Schlüssel. Im Lesebuch.

Sie stieg leise die Treppe hinauf. Wenn die Großmutter sie hörte, musste sie sofort zu ihr gehen. Sie wollte erst noch allein sein.

Großmutters Tür flog auf. Wahrscheinlich hatte sie hinter dem Spion gelauert. Oder am Fenster.

»Ja, Julielein, was kommst du denn so spät? Die gebackenen Mäuse werden schon ganz ledrig sein.«

Die Großmutter zog Julie in ihre Wohnung.

Sie glaubte immer noch, dass Julie gebackene Mäuse besonders gern aß. In Wirklichkeit grauste Julie davor. Wegen des Namens.

Obwohl sie genau wusste, dass das in Schmalz gebackener Hefeteig war und mit Mäusen überhaupt nichts zu tun hatte.

»Deine Mama hat ja keine Zeit dir so etwas zu machen«, sagte die Großmutter. Mitleid mit Stacheln war das, was in ihrer Stimme schwang. Mitleid mit vielen Stacheln.

Julie tränkte die gebackenen Mäuse in Himbeersaft.

»Nimm dir nur, so viel du willst«, sagte die Großmutter.

Julie mampfte. Wenn sie nicht genug in sich hineinstopfte, stellte die Großmutter tausend Fragen. Da war es immer noch einfacher zu essen, auch wenn man bei jedem Bissen den Ekel mitschlucken musste.

Endlich war der Teller leer.

»Magst du noch?« Die Großmutter lächelte. »Ich back dir gern noch ein paar heraus.«

»Nein, danke, wirklich nicht.«

»Hat's dir geschmeckt?«

»Ja, danke.«

»Siehst du. Ich weiß ja, was mein Julielein mag.« Die Großmutter seufzte. »Hast du viel auf?«

»Nicht so arg.«

»Du kannst die Hausaufgaben hier machen. Ich sollte zwar die Frau Felsbach besuchen, aber ich bleib natürlich da, wenn du mich brauchst.«

»Nein, nein. Ich kenn mich schon aus.«

Die Großmutter hielt Julie ihre duftende Wange zum Kuss hin.

»Wenn die Mama wieder nicht dazu kommt dir die Haare zu waschen, dann wasch ich sie dir heute Abend.«

»Kann ich selber.«

Julie war oft wütend auf die Mutter. Aber wenn die Großmutter sie so zuckersüß kritisierte, wurde Julie erst recht wütend.

Sie ging hinauf, sperrte die Wohnungstür auf, schaltete im Vorzimmer die Lampe an. Notwendig war das nicht, durch die Glastür fiel genug Licht herein. Aber die Ecken blieben dunkel. Natürlich war da keiner. Trotzdem war es gut es genau zu wissen.

Im Wohnzimmer roch es nach kaltem Rauch.

15

Julie öffnete die Fenster. Sie ging durch alle Zimmer, dann erst warf sie sich auf ihr Bett.

Wenn die Mutter kommt und mich mit den Schuhen auf dem Bett sieht, gibt's Krach, dachte sie.

Vielleicht kommt die Mutter früher nach Hause. Als Ausgleich für die Überstunden vom letzten Freitag.

Julie zog die Schuhe nicht aus, obwohl sie beim Gedanken an die Mutter ein Flattern im Bauch spürte.

»Sei doch nicht so stur«, sagte der Vater oft.

Manchmal musste sie einfach stur sein.

Julie bohrte mit der großen Zehe an dem Loch in ihrem Turnschuh.

Die Zimmerdecke hatte viele Risse, haarfein wie Spinnfäden. Sie kreuzten sich auch, nur nicht so regelmäßig wie in einem Spinnennetz. Julie fuhr die Risse mit den Augen nach.

Eigentlich sollte ich Hausaufgaben machen.

Eigentlich sollte ich das Frühstücksgeschirr waschen.

Eigentlich sollte ich...

Sie drehte das Radio an, so laut, dass sie das Schlagzeug im Bauch spürte.

Als sie den Schlüssel im Schloss hörte, sprang sie auf.

Die Mutter kam herein, barfuß.

»Wie mir wieder die Füße weh tun«, klagte sie.

Geschieht dir recht, dachte Julie. Warum trägst du so blöde Schuhe.

»Hast du deine Hausaufgaben gemacht?«, fragte die Mutter.

»Nein.«

»Hast du das Frühstücksgeschirr gewaschen?«

»Nein.«

Die Mutter stöhnte. »Sag einmal, was tust du den ganzen Nachmittag?«

Julie schwieg.

»Ich verlange ja wirklich nicht viel von dir. Ein bisschen mithelfen könntest du schon. Jetzt mach wenigstens deine Hausaufgaben.«

Julie setzte sich an ihren Schreibtisch.

In der Küche klapperte die Mutter mit dem Geschirr. So laut klapperte sie nur, wenn sie sich ärgerte.

Julie rechnete. Bei der Probe kam jedes Mal etwas anderes heraus. Sie klappte das Heft zu. Die Mutter konnte sie jetzt nicht bitten ihr zu helfen.

Wenn der Vater heimkam und gut gelaunt war, würde sie ihn vielleicht fragen.

»Julie! Deck bitte den Tisch.«

Julie holte Messer und Gabeln und Teller und Gläser.

Als die Mutter den Salat hereinbrachte und den Tisch sah, seufzte sie. »Ja sag einmal. Ist es wirklich zu viel verlangt, dass die Messer rechts und die Gabeln links liegen sollen? Das wenigstens könntest du dir merken. Und wo sind die Servietten?«

Vaters Auto fuhr vor. Die Wagentür fiel zu.

Der Vater stieg die Treppe herauf. Seine Schritte waren schwer. Er trug sicher etwas Großes. Julie lief ihm entgegen.

Er schleppte gar nichts. Er war nur müde.

Dann saßen sie am Tisch.

Seit die Brüder nicht mehr hier wohnten, war der Tisch viel zu groß.

Sie redeten kaum.

Die Mutter war müde von der Arbeit.

Der Vater war müde von der Arbeit.

Julie war auch müde. Aber sie wusste nicht wovon.

»Der Auflauf schmeckt ausgezeichnet«, sagte der Vater.

Die Mutter nickte nur.

Hoffentlich vergisst sie den Schal, dachte Julie.

Aber als sie dann nach dem Essen vor dem Fernseher saßen, sagte die Mutter in die Kennmelodie der Nachrichten hinein:

»Julie, hol deine Häkelarbeit.«

Julie häkelte.

Eine Luftmasche wurde zu groß, die nächste zu eng. Dann machte sie wieder sechs statt fünf für einen Bogen.

Julies Hände schwitzten. Das zarte Lila wurde grau.

Die Mutter blickte herüber. »Also so geht das nicht! Das musst du auftrennen.«

Beim Trennen riss die Wolle.

»Schau her.« Die Mutter häkelte eine Reihe perfekter Schlaufen. »Schau mir genau zu. Das ist doch nicht so schwer!«

Es war aber schwer.

Die Häkelnadel erfasste nur die Hälfte des Fadens, verhakte sich.

Julie zerrte wütend daran.

»Schade um die Wolle«, schimpfte die Mutter. »Warum bemühst du dich nicht ein bisschen!«

Julie hatte große Lust Häkelnadel und Wolle durchs Zimmer zu schmeißen.

»Spreiz den Finger nicht so ab!«

»Spann den Faden nicht so an!«

Mistwolle, Scheißfaden, Dreckshäkelnadel.

»Du willst doch der Oma eine Freude machen«, sagte die Mutter.

Julie trennte die letzten zwei Schlaufen auf. »Die Oma sagt, du sollst mir endlich die Haare waschen, sonst macht sie es.«

Die Mutter fuhr auf. »Was soll ich denn noch alles tun! Die hat leicht reden. Ich weiß sowieso nicht, wo mir der Kopf steht. Und du bist alt genug dir selbst die Haare zu waschen.«

Julie nickte. Sie stand auf, legte die Häkelarbeit weg. Die Mutter sagte nichts dagegen.

Julie ging unter die Dusche.

Sie nahm Mutters Shampoo, das duftete so gut.

Der Schaum wurde immer mehr. Sie rieb sich von oben bis unten mit Schaum ein, pustete Schaumblasen weg. Die Schaumblasen zerplatzten am Badezimmerspiegel. Das sah witzig aus.

Man müsste aus dem Schaum einen Schneemann bauen. Einen Schaummann.

Die Mutter öffnete die Badezimmertür.

»Bist du verrückt? Du hast ja die halbe Flasche verwendet! Und alles schwimmt. Jetzt hab ich erst recht die doppelte und die dreifache Arbeit.«

»Ich putz es wieder weg«, sagte Julie.

Die Mutter hatte schon das Bodentuch in der Hand. »Dein Putzen, das kenn ich.«

3. Kapitel
Ein neuer Fan für die Orange-Grünen

Endlich war Samstag.

Julie hatte die Karte für das Fußballspiel am Nachmittag in der Tasche. Sie griff immer wieder hin. Die Karte war da, gut geschützt in dem Plastikbriefumschlag. Der Vater bekam manchmal Werbebriefe in solchen Umschlägen, die fischte Julie dann aus dem Papierkorb. Sie wollte ihre Karten nie daheim liegen lassen, und wenn sie sie ungeschützt in die Jeanstasche steckte, zerbröselten sie. Einmal hatte die Mutter Julies Hose mit der Länderspielkarte drin in die Waschmaschine gesteckt. Nach der Wäsche waren nur noch rosarote Krümel da. Julie hatte während des Spiels vor dem Stadion geheult.

Am Samstagvormittag ging Julie freiwillig einkaufen. Sie schleppte Zwiebeln, Kartoffeln, Reis und Teigwaren nach Hause. Sie vergaß keinen einzigen Posten auf der langen Liste. Die

Mutter lobte sie, meinte aber gleich darauf: »Wenn du heute so nett und vernünftig bist, könntest du gleich auch dein Zimmer aufräumen.«

Zimmer aufräumen!

Julie stand da und wusste nicht, wo sie anfangen sollte. Sie sammelte die Kleidungsstücke ein, die auf dem Boden herumlagen, und stopfte sie in den Wäschekorb. Sie stapelte die Kassetten zu einem hohen Turm und machte das Bett. Wenn sie jetzt anfing, die Regale aufzuräumen, versäumte sie womöglich noch das Spiel.

»Staub saugen musst du«, sagte die Mutter. »Sonst kriegen wir Ungeziefer.«

Julie wollte den Staubsauger gleich mitnehmen, aber sie musste warten, bis die Mutter mit dem Wohnzimmer fertig war.

»Steh nicht so rum, du kannst inzwischen Staub wischen.«

Die Mutter hielt es einfach nicht aus, wenn jemand ruhig dasaß oder dastand. Sicher, sie selbst tat immer etwas. Sie hatte immerfort zu tun. Aber musste denn jeder sein wie die Mutter?

Der Vater fragte oft: »Warum wirbelst du immerzu herum?« Dann sagte sie: »Wenn ihr auch einmal einen Handgriff tätet, müsste ich nicht.«

Julie fand, dass sie heute schon mehr als einen Handgriff getan hatte.

Beim Mittagessen konnte sie es nicht erwarten, dass die Eltern endlich Messer und Gabel hinlegten.

»Zappel nicht so«, sagte die Mutter.

»Ich komm zu spät!«

»Einmal sollte dir die Schule so wichtig sein wie der dumme Fußballplatz.« Die Mutter faltete ihre Serviette zusammen.

Endlich konnte Julie gehen. Sie rannte den ganzen Weg.

Um halb drei kam sie keuchend beim Stadion an. Es waren noch kaum Leute da. Das Spiel begann um halb vier. Es war ein Freundschaftsspiel, da gab es nicht so ein Gedränge um die besten Plätze vorne an der Absperrung. Aber Julie sah gern zu, wie die Menschen hereinkamen, wie sie einander begrüßten.

Sie kannte viele schon lange vom Sehen: den Großen mit der spiegelnden Glatze und dem einen Haarbüschel rechts oben. Die Frau, die immer ein ganzes Einkaufsnetz voller Butterbrote mit sich schleppte und allen Umstehenden Kaffee aus ihrer Thermosflasche anbot. Die vier Buben, die ihren Fußball mitbrachten und ihn abwechselnd hoch

hielten, als wollte der auch zuschauen. Den Eisverkäufer und den Mann, der nie ohne Schirm und Regenmantel und Kofferradio unterwegs war…

Im Stadion kannte sie sich aus. Hier war Julie lieber als zu Hause.

Da kam Herr Ascher. Er trug eine Schachtel unter dem Arm.

»Tag, Herr Ascher!«

»Servus, Julie.«

Herr Ascher war nett, richtig nett. Er hatte früher selbst Fußball gespielt. »Damals haben wir noch umsonst gespielt. Da war kein Geld drin. Wir waren schon froh, wenn sie uns die Fahrt gezahlt haben zu einem Auswärtsspiel und ein Essen hinterher. Aber Spiele waren das, ich sage dir, Spiele …«

Herr Ascher hatte in einer Schuhfabrik gearbeitet. Jetzt war er in Pension.

»Rat einmal, was ich da habe.« Herr Ascher klopfte leicht auf die Schachtel.

»Keine Ahnung.«

»Na rate doch.«

»Ich kann so schlecht raten.«

Herr Ascher machte ein geheimnisvolles Gesicht. »Magst du schauen?«

Natürlich wollte Julie schauen.

27

»Den Moritz habe ich da.« Herr Ascher hob den Schachteldeckel an.

Auf einer Unterlage aus trockenem Gras lag eine Schildkröte.

Herr Ascher klopfte auf den Panzer.

Der Schildkrötenkopf regte sich hoch auf seinem faltigen Hals.

»Servus, Moritz.«

Moritz hob den Kopf noch höher. Herr Ascher gab ihm ein Salatblatt. Moritz riss ein kleines Stück ab und mampfte.

»Ich habe gedacht, ich nehme ihn mit, damit er an die frische Luft kommt«, erklärte Herr Ascher. »Außerdem wird es ihm sicher fad so ganz allein zu Hause, er kennt sich ja noch nicht so aus. Ich habe ihn erst seit zwei Wochen. Er hat unserer Hausmeisterin gehört. Die haben sie in ein Heim gesteckt, da hat sie ihn nicht mitnehmen dürfen. Sie war ganz verzweifelt, die Frau Wimmer. Da habe ich halt gesagt, ich nehme ihn. Sie hat gemeint, mir überlässt sie ihn ohne große Sorgen. Na ja, einmal in der Woche besuche ich sie draußen im Heim und der Moritz kommt mit.«

Julie fuhr mit dem Finger das Muster auf dem Schildkrötenrücken nach.

»Der hat ein Muster wie ein Fußball«, stellte sie fest.

Herr Ascher nickte. »Ja. Jetzt, wo du es sagst... Stimmt genau. Da ist der Moritz ja jetzt am richtigen Platz. Siehst du, wahrscheinlich war er mir deswegen von Anfang an so sympathisch.«

Herr Ascher und Julie lachten miteinander.

Das war das Schöne an Herrn Ascher. Er lachte einen nie aus. Er lachte immer mit einem.

Er hob Moritz aus der Schachtel. Die Beine mit der ledrigen Haut ruderten in der Luft. Es sah aus, als spreizten sich die Zehen.

Herr Ascher setzte Moritz ins Gras.

»Schau dich ein bisserl um. Vielleicht findest du einen Käfer oder sonst was Gutes.«

»Ich hab geglaubt, die fressen nur Salat und so«, sagte Julie.

Das war noch etwas Schönes an Herrn Ascher. Man konnte ihn ruhig fragen, wenn man etwas nicht wusste. Er freute sich, wenn er Antwort geben konnte, und wenn er keine Antwort wusste, dann sagte er es. Man brauchte sich nie zu schämen.

»Die Landschildkröten fressen hauptsächlich Pflanzen«, sagte Herr Ascher. »Aber ab und zu ein netter kleiner Happen Fleisch ist ihnen auch recht.«

Moritz marschierte los, viel schneller, als Julie erwartet hatte. Sein Kopf wackelte nach rechts und nach links. Plötzlich blieb er stehen, sein Kopf stieß nach unten.

»Jetzt hat er sicher was gefressen«, sagte Julie. »Aber was?«

»Wie ich ihn kenne, verrät er uns das nicht«, sagte Herr Ascher. »Aber wer weiß, vielleicht lerne ich ihn noch näher kennen.«

Julie überlegte, ob Moritz nicht davonlaufen würde.

Herr Ascher meinte, so dumm sei der nicht.

Die Spieler liefen auf den Platz.

Die Zuschauer klatschten und pfiffen und schrien.

Julie klatschte und pfiff und schrie mit. Hier war ihre Stimme nicht leise.

Das Spiel war von Anfang an schnell. Beim ersten Vorstoß der gegnerischen Mannschaft hielt Julie den Atem an. Als Bobo den Rechtsaußen austrickste und ihm den Ball abnahm, spürte sie, wie die Luft aus ihr pfiff wie aus einem Luftballon. Sie hüpfte und schrie und war glücklich.

Als der Pausenpfiff kam, war Julie müde vor Aufregung.

Herr Ascher kaufte zwei Paar Würstel. Ein Paar bekam Julie, das zweite Paar teilte er mit Moritz.

»Schau, er frisst schon aus der Hand«, sagte Herr Ascher. »Er wird noch ganz zahm. Ich glaube, er fühlt sich wohl hier.«

Julie reichte Moritz auch ein Stück Wurst.

Es war ein komisches Gefühl, wie er die Wurst aus ihrer Hand nahm.

Einer von den Leder-Jonnys ging vorbei.

Herr Ascher nannte diese Burschen nur so, wenn keiner in der Nähe war.

In der Pause fürchtete sich Julie vor ihnen. Nicht so sehr, wie sie sich draußen vor ihnen fürchtete. Aber doch ein wenig.

Während des Spiels fürchtete sie sich nicht.

Während des Spiels fürchtete sie sich vor gar nichts.

Außer vielleicht vor einem Tor der Gegner.

Die vielen Schlüssel am Hosenbund des Rockers klirrten. Er wiegte sich in den Hüften beim Gehen. Der Adler auf dem Rücken seiner Lederjacke sah aus, als schlage er mit den Flügeln. Plötzlich drehte sich der Leder-Jonny um.

»Was hast du denn da, Opa?«, fragte er und zeigte auf Moritz.

Auf seinem Handrücken war eine Pistole tätowiert.

Julie bekam Herzklopfen. Sie hätte sich am liebsten hinter Herrn Ascher versteckt.

Herr Ascher sagte: »Eine Schildkröte.« Es klang als hätte er gesagt: »Du bist aber schön dumm, wenn du das nicht erkennst.«

Julie erwartete irgendetwas Furchtbares.

Aber der Leder-Jonny grinste nur und sagte: »Hoffentlich hat sie auch Eintritt bezahlt.« Er ging weiter. Seine Stiefelabsätze klickten auf dem Betonweg.

Julie wäre gern aufs Klo gegangen, aber dazu hätte sie in dieselbe Richtung gehen müssen, in die der Leder-Jonny verschwunden war.

Herr Ascher setzte Moritz wieder auf den Grasstreifen. Moritz wanderte auf und ab.

»Vielleicht sollten Sie ihm doch eine Leine kaufen«, sagte Julie.

Das Spiel begann wieder.

Julie vergaß, dass sie aufs Klo musste.

Sie vergaß überhaupt alles.

Sie sah nur den Ball und die Spieler.

Ein Fehlpass der Gegner, Karl zu Hoffmann, Hoffmann zu Mirko, und...

»Toor!«

Julie hüpfte hoch, brüllte mit den anderen. Irgendwer schlug sie auf die Schulter. Sie hätte gern jemanden umarmt.

Dann gelang dem Gegner das Anschlusstor.

Jetzt ist es aus, dachte Julie. Das schaffen wir nicht mehr.

Zweimal donnerte der Ball gegen die Latte.

»Müde Bande!«, schimpfte einer.

Einer begann auf einer Plastikpfeife zu pfeifen.

Die Buben pfiffen schrill auf zwei Fingern.

Julie musste wieder aufs Klo.

Dann kam plötzlich noch einmal Leben ins Spiel. Roman schoss, wurde angerempelt, fiel hin, der Ball aber flog quer übers Feld, Hoffmann spielte Karl zu, Karl trickste den Langen aus, Franz köpfelte zu Bobo, der Torhüter warf sich dem Ball entgegen, aber der war nicht zu halten.

Gleich darauf war das Spiel aus.

Die Zuschauer in Julies Sektor gingen das ganze Match noch einmal durch.

Zwei alte Herren schrien einander an.

»Aber natürlich war das ein Abseits!«

»Keine Rede davon.«

»Ich hab doch noch Augen im Kopf.«

»Vielleicht brauchst du eine neue Brille.«

Sie funkelten einander böse an. Der eine drehte sich um und stapfte davon. Der andere ging möglichst weit weg von ihm.

Die hinausströmende Menge trieb sie wieder zusammen.

Herr Ascher sagte zu dem Mann mit der Glatze: »Für den Anfang der Saison war's ja nicht schlecht, aber ihren Stil haben die Burschen noch nicht gefunden.«

Julie war nicht sicher, was er meinte.

Der Mann mit der Glatze nickte. »Man hat fast das Gefühl, dass die Spieler einander noch nicht so ganz kennen. Da spielt noch jeder zu sehr für sich. Oder er tut, was ihm der Trainer gesagt hat, aber er weiß nicht so genau, warum er's tut.«

»Bei uns damals...« Herr Ascher begann von Spielen zu erzählen, die vor dem Krieg ausgetragen worden waren. Die meisten Spieler von damals waren tot. Aber Herr Ascher schilderte die Spiele so, dass Julie beim Zuhören Herzklopfen bekam. Dann wurden sie zum Ausgang geschoben.

Herr Ascher verabschiedete sich von einer ganzen Reihe von Leuten.

Julie winkte und lief weg.

Es war merkwürdig, aber außerhalb des Stadions konnte sie nicht mit den Leuten vom Sektor N reden. Auch nicht mit Herrn Ascher.

Sie schlängelte sich durch die Menge, machte sich ganz schmal.

Nur weg von da.

Dieselben Menschen, mit denen sie im Stadion geschrien und gejubelt und gezittert hatte, kamen ihr hier draußen fremd vor. Sie fürchtete sich richtig vor ihnen, nicht nur vor den Anhängern der gegnerischen Mannschaft, die jetzt zornig und enttäuscht waren.

Julie lief ein Stück auf der Fahrbahn, bis ein Polizist sie auf den Gehsteig zurückscheuchte, dann bog sie in eine Seitengasse ein.

Als sie heimkam, war sie völlig verschwitzt.

4. KAPITEL

Julie pfeift darauf, eine junge Dame zu sein, und weiß, warum

Am Sonntagmorgen holte Julie die Zeitung.

Irgendein Reporter beurteilte die Aufstiegschancen ihres Klubs schlecht. So ein Trottel. Sie ärgerte sich, dass sie die Zeitung gekauft hatte. Von ihrem eigenen Taschengeld.

Der Kerl sollte einmal selbst spielen, wenn er es so viel besser konnte.

Dem würden sie es noch zeigen!

Sogar auf Bobo hackte er herum. Behauptete, der hätte bloß Glück gehabt.

Julie zählte das Geld in ihrem Sparschwein. Es war lange nicht genug für ein T-Shirt in den Klubfarben Orange-Grün.

Sie ging ins Wohnzimmer, wo ihr Vater über irgendwelchen Büchern saß.

»Du, Papa, kaufst du mir die Zeitung ab?«

»Wenn noch alles drinsteht, dann ja«, sagte er ohne aufzublicken.

»Und borgst du mir fünfzig Schilling?«

»Wofür?«, fragte er.

Sie sagte es ihm.

Er hielt die Bleistiftspitze auf die Kolonne, die er gerade nachrechnete. »Kannst du mir erklären, warum es ausgerechnet dieser Klub sein muss? Ich meine, die sind doch wahrhaftig nichts Besonderes.«

Sie dachte nach. Nein, sie konnte es nicht erklären.

Es war einfach so.

»Ist es, weil er in der Nähe ist?«, fragte der Vater weiter.

Sie zuckte mit den Schultern.

Vielleicht. Sie war einfach hingegangen, kurz nachdem die Buben gesagt hatten, sie dürfe nicht mehr mitspielen. Und dann war sie wieder hingegangen. Und wieder.

Der Vater ließ nicht locker. »Es muss doch irgendeinen Grund geben. Magst du die Spieler besonders?«

Sie zuckte wieder mit den Schultern.

»Es ist eben mein Klub«, sagte sie eine Weile später.

»Aha.« Er musterte sie.

Sie dachte: Ich frag dich ja auch nicht, warum du ausgerechnet die Mama geheiratet hast.

»Na schön«, sagte er, »du bekommst das Geld geliehen. Oder nein. Du bekommst es, wenn du mein Auto wäschst.«

Julie ging seufzend hinunter. Auto waschen war eine von den vielen Arbeiten, die sie sehr ungern machte. Es grauste ihr vor dem Fliegendreck an der Windschutzscheibe. Da gab es immer Flecke, die man mit dem Daumennagel abschaben musste.

Wenigstens hatte der Vater nichts von Polieren gesagt. Nur von Waschen. Beim Polieren blieb immer irgendwo eine matte Stelle. Und dann sah der Vater diese eine Stelle an. Sagte nichts, sah sie nur an.

Zu Mittag kam die Großmutter zum Essen.

Die Mutter kochte anders als sonst, wenn die Großmutter kam. Kochte Suppe und Hauptspeise und Nachspeise, was sie sonst nie tat. Erstens hatte sie sowieso keine Zeit und zweitens hatte sie Angst zu dick zu werden. Der Vater war schon zu dick.

Die Großmutter hatte jedes Mal etwas auszusetzen. Sie sagte nie: »Das schmeckt mir nicht.« Sie

sagte: »Das ist köstlich, aber ich fürchte, ich darf das nicht essen. So viel Butter…«

Oder sie sagte: »Ich war gestern beim Arzt. Er hat gemeint, Käse verträgt sich nicht mit meinen Pillen.«

Dann bekam die Mutter einen ganz schmalen Mund und ihre Schultern fielen vor. Der Vater löffelte und gabelte in sich hinein, bis die Großmutter sagte: »Also wirklich, Arthur, du solltest ein bisschen aufpassen, was du isst. Wie sagt man doch: Es hat schon so manche Frau ihren Mann ins Grab gekocht.«

Wenn aber wenig Butter dran war, sagte die Großmutter säuerlich: »Es ist sicher gesund, so wenig Fett dranzutun. Aber mein seliger Mann, der hätte mir das glatt zurückgeschickt.«

Heute befasste sich die Großmutter weniger mit dem Essen, heute schimpfte sie über Julies Hose. »Zieh sie doch aus, Kind, ich flick sie dir gerne.«

Julie fand den grünen Flicken, den sie selbst aufgenäht hatte, das Schönste an der ganzen Hose.

Dann fixierte die Großmutter den Knopf an Vaters Jacke, der nur mehr an einem Faden hing. Die Mutter folgte ihrem Blick. Eine tiefe Falte bildete sich zwischen ihren Augenbrauen.

»Und was hast du gestern gemacht, Juliekind?«, fragte die Großmutter. »Ich habe am Nachmittag auf dich gewartet, ich habe den Mohnkuchen gebacken, den du so gern magst.«

Die Mutter rächte sich. »Du weißt doch, Mama, dass die Julie nicht so viel Süßes essen soll.«

Die Großmutter lächelte ihr Besser-Wisser-Lächeln.

»Ich war auf dem Fußballplatz«, sagte Julie.

»Auf dem Fußballplatz?«, fragte die Großmutter, als hätte sie zum ersten Mal gehört, dass Julie sich für Fußball interessierte.

»Ja.«

»Es wird wirklich Zeit, dass du dir das abgewöhnst, Juliekind«, sagte die Großmutter. »Du wirst doch langsam eine junge Dame.«

Nein, dachte Julie. Ich werde keine junge Dame. Ich pfeif darauf, eine junge Dame zu werden.

»Ich denke immer – zweiundzwanzig erwachsene Männer, die um einen Ball streiten, das ist doch kindisch. Wenn sie schon unbedingt einen wollen, soll man ihnen doch einen zweiten geben.« Die Großmutter wartete darauf, dass jemand lachte. Aber alle hatten diesen Ausspruch schon zu oft von ihr gehört. Erst als sie beleidigt mit den

Mundwinkeln zuckte, lachte der Vater: »Ha-ha.«
Das genügte nicht. Er lachte noch einmal. »Ha-ha.
Ha-ha.«

»Nun gut.« Die Großmutter faltete ihre Serviette.
Das Essen war zu Ende.

Die Großmutter sagte: »Arthur, gib mir deine
Jacke. Du verlierst gleich den Knopf.«

Die Mutter ging in die Küche.

Jetzt tat sie Julie leid. Komisch war das. Gerade
noch hatte Julie eine ziemliche Wut auf die Mutter
gehabt.

Sie half beim Abwaschen. Die Mutter redete
kein einziges Wort.

Als das Geschirr wieder im Schrank stand, war
Julies Wut wieder voll da.

Die Großmutter verabschiedete sich.

Die Mutter saß auf dem Sofa. Sie las nicht, sie
schrieb nicht, sie bügelte nicht. Sie tat überhaupt
nichts. Das war so ungewöhnlich, dass Julie nicht
aufhören konnte sie anzusehen.

»Was starrst du mich so an?«, fragte die Mutter.

Julie sprang auf und lief aus dem Zimmer.

»Der Xandl und der Jakob hätten wenigstens
anrufen können«, sagte die Mutter zum Vater.

Seit Julies Brüder ausgezogen waren, war alles anders geworden.

Julie war sicher, dass die Brüder die einzigen waren, die wirklich zählten für die Mutter.

Sie waren ja auch gross und schön und klug und überhaupt genau so, wie sie sein sollten.

Julie war selbst traurig, dass sie so selten kamen. Mit den Brüdern war es oft lustig gewesen. Sogar die Großmutter lachte, wenn die Brüder da waren. Von ihnen ließ sie sich auch necken. Aber jetzt hatten die Brüder immer etwas anderes zu tun, als hier zu sein.

Jetzt hatten sie beide Freundinnen.

Freundinnen, die auch groß und schön und klug und überhaupt genau so waren, wie sie sein sollten.

Julie drehte das Radio auf.

Der Vater kam hereingestürmt.

»Ich bitte dich, dreh leiser! Das ist ja nicht auszuhalten. Die Mama hat sowieso Kopfschmerzen.«

Julie rührte sich nicht.

Der Vater drehte leiser. Er setzte sich auf Julies Bett und machte ein Vatergesicht.

»Julie, musst du denn so stur sein?«

Ja, dachte Julie.

Der Vater legte ihr die Hand auf die Schulter.

Sie wollte ihn abschütteln, aber sie hielt still. Es tat gut Vaters Hand zu spüren.

»Ich weiß, wie schwierig es ist, gerade in deinem Alter. Unsinn. In jedem Alter. Für die Mama ist es auch schwierig und nicht nur mit der Oma. Überhaupt. Und sie trauert auch den Buben nach.«

»Die sind doch nicht gestorben!« sagte Julie.

»Nein. Aber sie sind nicht mehr da.«

Sie schwiegen beide.

Später machte der Vater den Vorschlag spazieren zu gehen.

Julie wollte zuerst ablehnen, doch dann sah sie sein Gesicht und stand auf. Auch die Mutter zögerte, aber dann zog sie ihre Jacke an.

Sie gingen durch die Sonntagsgassen. Die Sonne schien.

Autos wurden gewaschen.

Hunde wurden spazieren geführt.

Im Park spielte eine Gruppe Fußball.

Julie blieb automatisch stehen.

Da war ein ganz kleiner mit einer Brille, an der ein Glas verklebt war, der führte den Ball wie ein Profi.

»Schade, dass wir nicht in Amerika leben«, sagte der Vater. »Dort könntest du Cheer-Leader sein.«

»Was ist denn das?«

Der Vater erzählte von den Mädchen, die in kurzen Röcken in den Klubfarben mit Tamburin und Trommel und Marschallstab vor dem Match Stimmung machten, die Zuschauer anfeuerten.

Er hatte überhaupt nichts verstanden.

Sie wollte doch nicht die Beine schmeißen und blöde Verse johlen! Rad schlagen auf dem Fußballplatz. Eins-zwei-drei hüpfen und das Röckchen schwingen. Also wirklich!

»Du, die haben eine Menge Spaß dabei. Und die Zuschauer haben genauso viel Spaß.«

Julie knurrte: »Nicht mein Spaß.«

Ein Mann kam ihnen entgegen, der trug einen kleinen Affen auf der Schulter. Der Affe hielt sich an seinem Kopf fest, wie ein Kind, das man Huckepack trägt. Der Mann redete ernsthaft mit einer Frau und schien gar nicht zu bemerken, dass ihnen eine Kinderschar folgte.

Der Affe schnatterte vor sich hin. Ab und zu hob er eine Hand und winkte. Hinterher kratzte er sich immer.

Der Vater lud die Mutter und Julie zu Kaffee

oder Limonade und Kuchen in die Konditorei am Park ein. Die Mutter blickte zweifelnd auf Julies Hose, sagte aber nichts. Sie sagte auch nichts, als Julie kleckerte.

Die Eltern bemühten sich wirklich.

5. KAPITEL
Orange-grüne Pulswärmer sind kein lila Schal

Auf dem Heimweg fasste Julie einen Entschluss. Sie würde sich Pulswärmer in den Klubfarben stricken. Und später dann vielleicht auch noch einen meterlangen Schal.

Der Mutter blieb fast der Mund offen stehen, als Julie sie nach Wollresten in Grün und Orange fragte. Sie sagte auch nicht: »Erst schau dazu, dass Omas Schal fertig wird.«

Sie kramte sofort in ihrem Wollkorb und fand sogar das richtige Orange und das richtige Grün. Sie suchte Stricknadeln aus.

Als Julie mit dem Anschlagen nicht zurechtkam, half sie ihr.

»Soll ich dir die erste Reihe stricken?«, fragte sie Julie. »Die erste ist immer die schwierigste.«

Julie wollte es lieber selbst machen. Irgendwie wäre es ihr nicht richtig vorgekommen Mutters Hilfe anzunehmen.

»Was wird denn das?«, fragte die Mutter.

»Pulswärmer.«

»Es wäre besser, du würdest ein Spiel nehmen. Dann hast du keine Naht.«

»Ein Spiel? Was heißt das?«

»Das sind fünf kurze Nadeln. Da kann man immer rundum stricken.«

Julie erinnerte sich mit Schaudern an die Socken, die sie in der Schule hatte stricken müssen. Immerzu hatte sie Maschen verloren, die Nadeln waren ewig rausgerutscht. Zuletzt hatte die Großmutter die Socken für sie gestrickt.

Die Mutter stellte das Bügelbrett auf.

»Musst du denn die Bettwäsche bügeln?«, fragte der Vater. »Wenn man eine Nacht darin geschlafen hat, ist sie doch wieder zerknittert. Die Arbeit könntest du dir sparen. Du hast ja auch sonst genug zu tun.«

»Aber wie sieht denn das im Schrank aus!«, sagte die Mutter.

»Wer schaut schon in deine Schränke?«, fragte der Vater.

Die Mutter gab keine Antwort. Eigentlich hat er recht, dachte sie. Aber sie begann trotzdem zu bügeln.

Julie kämpfte mit der Strickerei.

»Es wird schon gehen, Julie«, sagte die Mutter. »Ich hab mich auch schwer getan mit dem Stricken. Richtig gelernt hab ich es erst, als die Buben klein waren und Jäckchen brauchten.«

Nach der fünften Reihe hatte Julie statt vierzig Maschen nur noch sechsunddreißig. Sie wusste nicht, wo die anderen hingekommen waren. Wenn das so weiterging, wurde ein Dreieck aus den Pulswärmern. Seufzend trennte sie alles auf.

Der Faden schnitt in ihren Zeigefinger.

Der Vater kochte das Abendessen. Als es fertig war, hatte Julie drei Zentimeter gestrickt. Es sah nicht einmal schlecht aus, nur am Rand waren ein paar Löcher.

Bis zum Samstag hab ich meine Pulswärmer, dachte sie. Der Herr Ascher wird schauen.

Der Vater stellte gerade die Schüssel auf den Tisch, als Julies Bruder Xandl kam. Xandl war Student. Er wollte später Richter werden oder Anwalt. Er wohnte mit einigen Freunden, die auch studierten, in einer billigen Wohnung. Er musste natürlich mitessen.

»Hast du dich schon zur Prüfung angemeldet?«, fragte der Vater.

»Nein.«

»Dann wird's aber langsam Zeit.«

Xandl legte Messer und Gabel hin. »Warum?«

Die Mutter blickte vom Vater zu Xandl, von Xandl zum Vater.

Auch der Vater legte Messer und Gabel hin. »Weil du jetzt immerhin schon zwei Jahre länger brauchst als vorgesehen.«

Xandl beugte sich vor. »Ich soll schneller studieren, damit ich länger arbeitslos sein kann, was?«

Der Vater beherrschte sich mit Mühe.

»Du hast dir dein Studium selbst ausgesucht. Hättest du halt was anderes gemacht. Aber auf mich wolltest du ja nicht hören.«

Die Mutter legte dem Vater die Hand auf den Arm.

Julie räumte den Tisch ab.

Xandl und der Vater stritten. Oder nannte man das diskutieren?

Julie nahm ihr Strickzeug wieder auf.

»Was, du strickst?«, fragte Xandl. »Da kannst du mir ja zum Geburtstag einen Pullover stricken.«

Sonst noch was, dachte Julie.

»Welche Farbe willst du denn?«, fragte die Mutter.

Xandl winkte ab. »War nur Spaß.«

Eine Stunde später hatte Julie zu den drei Zentimetern orange auch noch drei Zentimeter grün gestrickt. Sie war sehr zufrieden.

Die Mutter zeigte ihr, wie man abkettelt. Das hatte Julie vergessen.

Plötzlich fiel ihr ein, dass sie jetzt zwar das Geld für ein T-Shirt hatte, aber nicht genug, um am nächsten Samstag ihre Karte für das Match zu bezahlen. Sie musste also noch einmal mit dem Vater reden. Sie grinste Xandl an. Der hatte noch immer nicht gesagt, dass er Geld brauchte. Und deswegen war er doch gekommen. Da war sie ganz sicher.

Der dumme Kerl wusste natürlich nicht, warum sie grinste, und guckte fragend.

Gegen zehn begann der Vater zu gähnen.

Xandl atmete tief ein.

Gleich wird er sagen, dass er Geld braucht, dachte Julie.

Es machte ihr Spaß, dass die Eltern überrascht schienen.

Natürlich bekam Xandl das Geld. Und natürlich hielt der Vater zuerst einen kleinen Vortrag, dass man sparen muss, wo es nur geht. Aber der Vortrag war kürzer als sonst.

6. Kapitel
Moritz muss fliegen

Am Freitagabend hatte Julie nicht nur ihre Puls-wärmer fertig, sondern auch eine Mütze. Die war zwar nicht besonders regelmäßig gestrickt und hatte auch ein paar Beulen, aber dafür war sie grün-orange. Julie setzte sie auf.

»Siehst du, du kannst es ja doch«, sagte die Mut-ter. »Jetzt wird hoffentlich auch noch Omas Schal fertig.«

Julie verstand nicht, warum das Geschenk für die Oma so wichtig war. Die Oma und die Mutter kämpften doch ständig gegeneinander.

»Hast du dir schon das Hemd in den Klubfar-ben gekauft?«, fragte der Vater.

»Nein. Sonst hätte ich nicht genug Geld gehabt für die Karte für morgen«, sagte Julie.

Sie hatte die ganze Woche auf einen günstigen Augenblick gewartet. Der günstige Augenblick war nie gekommen.

Aber jetzt griff der Vater in die Tasche. »Wieviel brauchst du?«

Manchmal hatte man Glück.

Samstag früh sah es aus, als wollte es regnen. Der Wetterbericht war auch schlecht.

Trotzdem fuhr Julie in die Stadt und kaufte ihr T-Shirt.

Zu Mittag kam die Sonne durch die Wolken. Eine wässrige Sonne, die nicht recht wärmte.

»Julie, zieh dir eine Jacke an. Es ist kühl«, sagte die Mutter.

»Das T-Shirt ist warm genug«, sagte Julie.

Jetzt, wo sie in den Klubfarben zum ersten wichtigen Spiel der Saison gehen konnte, wollte sie doch nicht die ganze Pracht unter einer blauen Jacke verstecken.

Die Mutter gab auf. »Wenn du dir einen Schnupfen holst, bist du selbst schuld.«

Julie nickte. Plötzlich fingen beide an zu lachen. Die Mutter hatte so oft gesagt: »Und erwarte nur nicht, dass ich dich dann pflege!« Aber wenn Julie wirklich krank war, hatte sie doch immer Tee gekocht und Zitronen ausgepresst und Wickel gewickelt.

Das Fußballfeld glänzte in frischem Grün. Viele Zuschauer hielten Fähnchen in den Klubfarben in den Händen.

Julie musste sich beherrschen um nicht zu zappeln vor Aufregung. Schließlich war sie kein kleines Kind.

Herr Ascher kam mit seiner Schachtel unter dem Arm.

Julie pflanzte sich vor ihm auf. Er begrüßte sie freundlich und begann die Aufstellung des Teams zu kritisieren. »Das ist ja ein Wahnsinn den Günther auf die Reservebank zu setzen!«

Julies Mütze, ihre Pulswärmer, ihr T-Shirt bemerkte er gar nicht.

Sie hielt die Hände so, dass er die Pulswärmer sehen musste.

»Hast du was?«, fragte er.

Sie schüttelte den Kopf.

Er setzte Moritz ins Gras. »Der ist schon ganz zahm. Er hört auf seinen Namen. Pass auf!« Herr Ascher rief: »Moritz!«

Moritz watschelte weiter.

Geschieht dir recht, dachte Julie.

Herr Ascher behauptete: »Er ist verwirrt. Schließlich ist er so viele Menschen nicht gewöhnt.«

Die Ränge füllten sich. Julie sah fast nur fröhliche Gesichter. Der Sektor N war zum Bersten voll.

Das Spiel war von Anfang an spannend. Schon nach wenigen Minuten lieferte Bobo ein herrliches Solo. Die Zuschauer brüllten begeistert.

Wenn Julie ein paar Minuten still stand, fror sie. Es war gut, dass sie so oft vor Begeisterung auf und ab springen musste.

Plötzlich aber griffen die anderen an. Das erste Tor fiel. Julie stöhnte.

»Hab ich's nicht gesagt?«, fragte Herr Ascher. »Weil sie den Günther nicht aufgestellt haben. Der wäre mit dem Heini da fertig geworden.«

Die Gegner wurden immer schneller. Manchmal schien es, als würde die eigene Mannschaft überhaupt nicht mehr an den Ball kommen.

Julie fror immer mehr.

Der ganze Sektor brodelte, schimpfte: »Kein Kampfgeist.«

»Renn, du Trottel, renn doch!«

Herr Ascher schüttelte immer heftiger den Kopf.

»Und ich hab um zwei Kisten Bier gewettet, dass wir gewinnen«, sagte einer. Es klang, als spielte die Mannschaft heute nur deswegen schwach, damit er die Wette verlor.

Julie war zornig auf die Mannschaft, zornig auf die Zuschauer, überhaupt zornig.

Ein zweites Tor. Die Anhänger der anderen jubelten wie die Verrückten.

»Da ist kein Grund zum Jubeln«, sagte die Frau mit dem Einkaufsnetz. »Unsere spielen ja, als würden sie fürs Verlieren bezahlt.«

Der Mann mit der Glatze fluchte vor sich hin.

Plötzlich gelang es dem Langen an den Ball zu kommen. Er passte zu Karl und der überhob geschickt den Torhüter. Der Ball war im Netz.

Fast hätte es knapp vor dem Pausenpfiff den Ausgleich gegeben, aber der Ball donnerte an die Latte.

»Also wenn wir so gespielt hätten...«, begann Herr Ascher, aber dann unterbrach er sich selbst: »Wo ist Moritz?«

Moritz war verschwunden.

Einfach weg.

»Moritz!«, rief Herr Ascher. »Moritz!« Er wedelte mit einem Spinatblatt.

Kein Moritz.

Der ganze Sektor N suchte den Boden ab.

»Ich geh' ihn suchen«, sagte Julie zu Herrn Ascher. Sie wusste zwar nicht wie und wo, aber suchen war besser als herumstehen.

»Gut. Geh du nach links, ich gehe nach rechts.« Herr Ascher sah jetzt sehr besorgt aus.

Julie kroch unter der Absperrung durch. Sie traute Moritz durchaus zu, dass ihn das schöne Gras auf dem Spielfeld verlockt hatte.

Ein Polizist scheuchte sie zurück.

Sie ging in den nächsten Sektor. Sie versuchte zwischen den Beinen der Leute durchzublicken.

»Was suchst denn du?«, fragte ein großer Dunkelhaariger.

»Eine Schildkröte.«

Der Dunkelhaarige tippte sich an die Stirn. »Plemplem, was?«

Julie drängte sich durch die schiebende, stoßende Menge. Plötzlich sah sie einen schwarzen Lederrücken vor sich. Da stand eine Gruppe von Leder-Jonnys im Kreis. Die Leute wichen ihnen aus.

»Fang!«, sagte einer.

Etwas flog durch die Luft.

»Ein richtiger Fußball, mit dem Muster. Müssen wir ausprobieren«, sagte ein anderer.

Der Fußball war Moritz!

Einen Augenblick lang dachte Julie daran Herrn Ascher zu holen. Aber womöglich war es zu spät, bis er kam.

Sie stellte sich auf die Zehenspitzen.

Weit und breit war kein Polizist zu sehen.

Also dann, dachte sie.

Nein, ich hab Angst.

Wieder: »Fang!«

Sie stupste einen der Schwarzbejackten an. Der fuhr herum.

»Ist was?«

Er war sehr groß, sehr breitschultrig, stand sehr breitbeinig da. Wie er das Kinn vorschob. Wie seine rechte Hand mit den Schlüsseln und Dosenöffnern an seinem Gürtel spielte.

»Gib den Moritz her.«

Julie wunderte sich sehr, als sie ihre Stimme hörte.

»Moritz heißt er«, wiederholte der Schwarzbejackte. »Und wo ist der Max?«

»Flieg, Moritz, flieg!«, rief ein anderer.

Sie johlten.

Moritz flog durch die Luft. Der neben Julie fing ihn auf.

Sie packte den Leder-Jonny am Arm. »Gib sofort her!«

Sie erschrak furchtbar darüber, was sie getan hatte.

Sie wartete darauf geschlagen zu werden.

Der Leder-Jonny warf Moritz seinem Gegenüber zu. Julie schüttelte er einfach ab.

Da rief der andere: »Fang!« Moritz flog auf Julie zu.

»Wenn dir so viel an ihm liegt«, sagte der, der ihn zuletzt geworfen hatte, »dann nimm ihn und zisch ab!«

Alle lachten.

Julie hielt Moritz fest.

Vorsichtig ging sie einen Schritt rückwärts.

Sie erwartete jeden Moment gepackt zu werden.

Vielleicht selbst durch die Luft geworfen zu werden.

Die Leder-Jonnys brüllten vor Lachen.

Die Leute ringsum schauten zu.

Julie ging noch einen Schritt rückwärts.

Dann drehte sie sich um und rannte los.

Sie rempelte links und rechts Leute an. Hinter ihr wurde geschimpft. Sie rannte weiter.

Plötzlich sah sie aus dem Augenwinkel, dass sie an ihrem Sektor vorbeigelaufen war.

Sie drehte sich vorsichtig um. Niemand folgte ihr.

»Julie!« Das war die Stimme von Herrn Ascher.

»Ich hab' ihn!«, rief Julie zurück.

Gleich darauf stand Herr Ascher neben ihr. Er nahm ihr Moritz aus der Hand. Der hatte sich ganz in seinen Panzer zurückgezogen.

»Die wollten mit ihm Fußball spielen!«, platzte Julie heraus.

»Wer?«

»Die Leder-Jonnys.«

»Wenn ich die erwische...«, drohte Herr Ascher. »Denen werd ich's zeigen!«

Julie fand es komisch, dass Herr Ascher denen irgend etwas zeigen würde. Nur konnte sie nicht darüber lachen.

»Wie hast du es geschafft, dass sie ihn dir gegeben haben?«, fragte Herr Ascher.

Julie stand da und war den Tränen nahe. So was Blödes, dachte sie. Jetzt, wo es vorbei ist. Sie blinzelte heftig.

Herr Ascher setzte Moritz in seine Schachtel.

Moritz rührte sich noch immer nicht. Julie war nicht sicher, ob er überhaupt lebte.

Die Zuschauer begannen zu pfeifen, zu klatschen, zu brüllen.

Das Spiel begann wieder.

Sofort ging die Mannschaft zum Angriff über. Wie ausgewechselt waren die Spieler.

Julie vergaß Moritz, vergaß die Leder-Jonnys, vergaß die Schule. Sie vergaß die Mutter, die Oma, den Vater, die Brüder.

Als die Spieler einander umarmten, einer dem anderen auf den Rücken sprang, um das Ausgleichstor zu feiern, war sie mitten unter ihnen.

Beim Führungstreffer schrie sie so laut, dass Herr Ascher sich mit der freien Hand das linke Ohr zuhielt.

Im letzten Moment erzielten die Gegner den Ausgleichstreffer.

Julie und der ganze Sektor N waren sich einig, dass das einfach unverschämtes Glück gewesen war.

Jetzt fror Julie wieder.

»Du hast ja eine Gänsehaut«, sagte Herr Ascher.

Er öffnete den Schachteldeckel. Moritz war immer noch in seinem Panzer. Herr Ascher machte ein besorgtes Gesicht. Aber dann lachte er.

»Schau, Julie, das Spinatblatt ist weg. Also hat er gefressen. Und wer frisst, der lebt. Übrigens – hab ich mich bei dir bedankt? Du bist ein tapferes Mädchen.«

»Ich muss heim«, sagte Julie.

»Schade. Ich hätte dich gern auf ein Eis eingeladen.«

Es tröpfelte seit einer Weile, jetzt regnete es.

Julie rannte den ganzen Weg nach Hause.

»Meine Güte«, sagte die Mutter, »du bist ja klitschnass. Hoffentlich hast du dich nicht erkältet.« Sie sah Julie forschend an. »Du strahlst ja wie ein Christbaum. Habt ihr gewonnen?«

»Eigentlich schon«, sagte Julie. »Obwohl's ein Unentschieden war.«

Die Mutter schüttelte den Kopf.

»Du nimmst jetzt am besten ein heißes Bad«, sagte sie.

Als Julie im Bademantel ins Wohnzimmer kam, drückte ihr die Mutter die lila Wolle für Omas Schal in die Hand. »Du hast nur noch drei Wochen Zeit! Irgendwas musst du schließlich auch tun.«

Irgendwas...

7. KAPITEL
Leder-Jonnys steigen ein

Montag – Dienstag – Mittwoch. Das waren Tage wie Lebertran, zum Nase-Zuhalten und möglichst schnell Schlucken.

Eigentlich gab es nichts Besonderes. In der Schule war es wie immer: »Natürlich. Die Julie hat schon wieder nichts gelernt.« Die Klasse lachte. »Du brauchst wohl wieder eine Sondereinladung, Julie?« – »Das gilt auch für dich, Julie.« – »Habt ihr alle verstanden? Auch du, Julie?«

Wie immer eben. Aber sie hatte sich nicht daran gewöhnt. Konnte man sich an so etwas überhaupt gewöhnen?

Und zu Hause jeden Abend das Theater um Omas Schal.

»Für deinen Fußballklub hast du doch stricken können. Einmal könntest du auch etwas für mich tun. Hast du denn gar nichts im Kopf als den ewigen Fußball?« Alles nichts Besonderes, wie immer.

Nur eben scheußlich.

Jetzt saß Julie in der Straßenbahn und fuhr nach Hause.

Morgen gab es Geographieprüfung.

Und übermorgen Deutschschularbeit.

Sie griff nach ihrer Mütze. Die trug sie seit ein paar Tagen auch in der Schule.

Da konnten die starren, so viel sie wollten.

Das war ihr ganz egal.

Vier Stationen noch.

Heute Abend kam Jakob.

Es war schön, dass Jakob wieder da war. Er hatte drei Monate lang irgendwo im Gebirge gearbeitet.

Die Straßenbahntür ging auf mit diesem komischen Schmatzlaut. Früher hatte es auf dieser Linie alte Waggons gegeben, mit Türen, die man selbst auf- und zumachte. Die hatte sie lieber gemocht. Hier fühlte sie sich so eingesperrt.

Julie blickte hoch.

Da vorne standen die Leder-Jonnys vom Fußballplatz!

Julie machte sich ganz klein.

Sie überlegte kurz, ob sie die Mütze abnehmen sollte. Ohne Mütze würde sie keiner erkennen.

Irgendetwas hinderte sie daran. Wahrscheinlich ihre Sturheit.

Sie wollte nicht hinschauen und sie schaute doch immer wieder nach vorne.

Plötzlich tönte es durch den Wagen: »Da ist ja die Kleine von neulich! Servus!«

Sie sprang auf, rannte zur anderen Tür.

»Was ist denn? Wir tun dir doch nichts.«

Die Straßenbahn blieb stehen.

Julie drückte auf den Knopf. Der rote Stift leuchtete auf, aber die Tür blieb zu.

Einer von den Leder-Jonnys löste sich aus der Gruppe.

Die Tür! Warum ging die Tür nicht auf? Der Leder-Jonny kam näher. Die Straßenbahn fuhr an.

Die war ja nur stehen geblieben, weil die Ampel Rot zeigte.

Zwischen Julie und dem Leder-Jonny standen etliche Leute, die aussteigen wollten. Leute mit Aktentaschen und Schirmen.

»Na, Kleine? Kannst du nicht grüßen? Hat dir die Mama nicht beigebracht, wie man grüßt?«

Die vorne lachten. Sie lachten wie neulich im Stadion.

Wenn ich jetzt aussteige, kommen sie nach.

Wenn ich bleibe …

Hier sind wenigstens Leute.

Aber die steigen auch aus.

Dann bin ich allein mit denen.

Außerdem tun die Leute nichts. Die helfen einem nicht. Die schauen nur.

Julie hatte Angst.

Der Leder-Jonny kam noch einen Schritt näher.

Er grinste.

Die Straßenbahn hielt an.

Julie stolperte beim Aussteigen.

Sie rannte los. An der Ecke meinte sie Schritte hinter sich zu hören.

Dieses Keuchen – war das nur ihr eigener Atem?

Oder rannte wirklich einer hinter ihr?

Sie wagte nicht sich umzudrehen.

Jemand packte sie am Arm.

»Bist du wahnsinnig? Du wärst glatt in ein Auto gerannt!«

Ein fremder Mann hielt sie fest.

Sie duckte sich, drehte sich vorsichtig um.

Die Leder-Jonnys waren weg.

Der Mann führte Julie über die Straße. Dann erst ließ er ihren Arm los. Er fragte: »Fehlt dir was? Soll ich dich nach Hause bringen?«

Julie konnte nur den Kopf schütteln.

Als sie schon die Wohnungstür hinter sich zugesperrt hatte, ging ihr Atem noch so laut, dass sie meinte, es müsse jemand mit ihr im Vorzimmer sein.

Plötzlich hielt sie es in der Wohnung nicht aus.

Gerade hatte sie sich noch gefreut, dass die Oma sie heute nicht erwischt hatte. Jetzt lief sie die Treppe hinunter.

Die Großmutter hatte ihre Mäntel, Kleider und Röcke im Wohnzimmer ausgebreitet. »Ich bin zwar sicher«, sagte sie, »dass wir sofort wieder schlechtes Wetter bekommen, sobald ich die Wintergarderobe weggeräumt habe, aber jetzt habe ich genug.«

Sie wusch jedes Jahr im Frühling und im Herbst ihre beiden Kleiderschränke mit Essigwasser aus. Dann wurde jedes Kleidungsstück in eine große Plastiktüte verpackt und zuletzt kamen drei grüne Mottenstreifen in jeden Schrank.

Die Großmutter sagte: »Wenn schon die Jahreszeiten nicht mehr in Ordnung sind, so können wir doch Ordnung halten und Sommer- und Wintersachen trennen, wie es sich gehört.«

Jetzt aber war sie ganz entsetzt, weil sie vor lauter Ordnung das Kochen vergessen hatte.

Julie fand es schön, dass sogar die Großmutter einmal etwas vergessen konnte.

Sie aßen Spiegeleier, dann half Julie der Großmutter. Die war richtig gerührt und bedankte sich tausend Mal.

Peinlich war das. Wo Julie ihr doch nur geholfen hatte, um nicht allein hinauf in die Wohnung zu müssen. Oder hier Hausaufgaben zu machen.

Dann klingelte es und Jakob war da.

Er war braun gebrannt, seine Augen schienen blauer, seine Haare heller.

»Was hast du für riesige Hände gekriegt?«, fragte Julie.

»Damit ich dich besser packen kann.« Er lachte. »Nein, kommt vom Arbeiten.«

Die Großmutter sah ihn nur an. Ganz verliebt sah sie ihn an. Plötzlich aber schaute sie erschrocken. »Meine Güte, ich hab nicht einmal Kuchen gebacken! Warum hast du nicht vorher angerufen?«

»Jetzt reg dich nicht auf und setz dich hin«, sagte Jakob.

Das hätte einmal ein anderer Mensch versuchen sollen.

Julie zum Beispiel.

Nicht auszudenken, was da passiert wäre.

Jakob grinste, setzte sich aufs Sofa und klopfte auf den Platz daneben.

Und die Großmutter setzte sich tatsächlich.

Jakob erzählte von seiner Arbeit als Vermesser, von komischen Leuten, die er kennen gelernt hatte. Jakob traf immer viel mehr komische Leute als jeder andere Mensch. Aber bei ihm wurde alles komisch, auch eine Autopanne oder ein Gewitter im Gebirge.

Die Eltern kamen nach Hause. Die Großmutter ging mit nach oben.

Der Vater öffnete eine Flasche Wein und mischte die Salatsauce. Seine Spezialsauce mit Eiern und Kräutern.

Die Mutter briet Schnitzel.

Heute hatte die Großmutter nichts am Essen auszusetzen.

Plötzlich fiel Julie zwischen zwei Bissen ein, dass heute Abend das Länderspiel England gegen Spanien im Fernsehen übertragen wurde. Wie hatte sie das vergessen können! Aber jetzt, wo Jakob da war, würden die Eltern sicher energisch protestieren, wenn sie den Fernsehapparat andrehte.

Das Essen schmeckte ihr nicht mehr.

Als sie unlängst den Fernsehapparat in ihr Zimmer getragen hatte, war irgendetwas kaputt gegangen. Die Reparatur hatte eine Menge Geld gekostet. Es war also ganz sinnlos jetzt zu fragen. Obwohl sie sicher war, dass sie damals nichts ruiniert hatte.

Da sagte Jakob: »Ihr seht euch doch sicher die Übertragung aus England an.«

Julie hätte ihn umarmen mögen.

Die Mutter sagte: »Ich hätte lieber mit dir geplaudert.«

Aber dann drehte sie selbst den Apparat an.

Sie holte ihr Strickzeug und setzte sich neben Jakob.

Sogar die Großmutter blieb. Sie setzte sich an Jakobs andere Seite.

Julie hockte auf dem Boden.

Nach fünf Minuten gab der Schiedsrichter ein Abseits.

»Das war nie im Leben Abseits«, sagte Julie. »Der Jerry war rechts vorne.«

»Keine Rede«, behauptete der Vater.

Die Zuschauer pfiffen wie irr.

Die Mutter und die Großmutter blickten einander an und schüttelten die Köpfe. Aber sie sagten nichts.

Der Sprecher sagte eine Wiederholung an. »Jetzt werden wir's ja sehen«, erklärte der Vater.

»Na bitte!« Julie zeigte auf den Bildschirm. »Was hab' ich gesagt? Da ist er. Rechts vorne.«

Der Vater schnalzte anerkennend. »Du hast einen schnellen Blick, das muss man dir lassen.«

Jakob kraulte Julie am Kopf.

Der Sprecher sagte: »Das war offenbar eine Fehlentscheidung.«

Die Kamera schwenkte zu den Zuschauern, die ihrer Wut Luft machten.

Julie umschlang ihre Knie.

In dem Stadion möchte ich einmal sein. Da ist was los, dachte Julie.

Die Mutter erzählte von einem Artikel, den sie gelesen hatte.

»Nach dem letzten Spiel haben Fußballrowdys wieder einen U-Bahn-Waggon völlig zerlegt. Ich weiß nicht mehr, wie hoch der Schaden war, aber es ging um eine Menge Geld. Und andere haben einen Vorortzug zum Entgleisen gebracht. Es gab mehr als zwanzig Verletzte. Ich finde es schrecklich, was da in den Menschen hochkommt.«

Jakob nickte. »Dabei sein möchte ich auch nicht. Da hätte ich Angst.«

Jakob sagte, er hätte Angst!

Der Vater zeigte auf den Bildschirm. »Warum tauscht der jetzt ausgerechnet den Mittelstürmer aus? Das ist doch Wahnsinn den besten Mann aus dem Feld zu nehmen!«

Julie musste lachen. »Der hat sich im letzten Spiel verletzt. Es war überhaupt nicht sicher, ob er schon spielen darf!«

»Ach so.« Der Vater nickte ihr zu, aber als sie sich schon freute, sagte er: »Wenn du dir Geschichte oder Geographie nur auch so merken würdest. Dann sähe dein Zeugnis anders aus.«

Wenn das nur halb so spannend wäre, dachte Julie.

Jakob grinste sie an. Sie war nur nicht sicher, ob er sie meinte oder ob er einfach so grinste.

Bei der Mutter wusste sie fast immer, was sie meinte. Das war oft nicht besonders angenehm, aber man kannte sich aus.

Das Spiel endete mit einem Elfmeterschießen.

Der Vater lehnte sich zurück. »Also das ist Fußball! Du musst doch zugeben, dass das ganz was anderes ist als dein komischer Klub.«

Julie nickte.

»Na eben«, sagte der Vater.

»Aber es ist nicht mein Klub«, sagte Julie.

»Du bist schon ein treuer Mensch«, stellte der Vater fest.

Bevor Jakob ging, schenkte er Julie einen Kieselstein. Der war rund wie ein Ball und hatte weiße Adern ringsum.

»Hauch ihn an und reib ihn in der Hand«, sagte Jakob.

Der graue Stein wurde dunkelrot. Die weißen Adern traten viel deutlicher hervor.

»Du solltest Schiedsrichter werden«, sagte Jakob.

Der Vater nickte. »Das Zeug dazu hätte sie.«

Die Mutter setzte sich kerzengerade und schüttelte den Kopf.

Julie kehrte ihr den Rücken zu und drehte den Kieselstein zwischen Daumen und Zeigefinger.

Jakob hob den rechten Daumen und lachte sie an.

Der Vater sagte: »Es gibt zwar keine weiblichen Schiedsrichter … aber wer weiß …«

Julie freute sich. Sie freute sich sogar dann noch,

als die Mutter aufstand und sagte: »Setz ihr doch keine Flausen in den Kopf! Die Enttäuschungen kommen so und so.«

8. Kapitel
Nur feine Leute fressen Schildkröten

Am Samstag war Herr Ascher nicht auf dem Fußballplatz.

Julie drehte sich um, stellte sich auf die Zehenspitzen, renkte sich fast den Hals aus.

Auch als das Spiel längst begonnen hatte, schaute sie immer wieder zum Eingang.

Seit sie auf diesen Fußballplatz ging, hatte sie Herrn Ascher jedes Mal getroffen. Anfangs redeten sie nicht miteinander, sie hörte nur zu, wenn er anderen etwas erzählte. Er schob sie wortlos vor, wenn sie zu weit hinten stand und nichts sehen konnte. Eines Tages fiel seine karierte Schirmkappe herunter und Julie hob sie auf. Damals fragte er: »Wie heißt du?«

Von da an redeten sie miteinander, zuerst nur über Fußball, dann erzählte er hin und wieder auch andere Dinge von früher.

»Ist dein Opa heute nicht da?«, fragte die Frau mit den Butterbroten.

»Er ist nicht mein Opa.«

»Ach so.« Die Frau drehte sich wieder um und sah dem Spiel zu.

Julie war unruhig. Ihre Unruhe wuchs.

In der Pause wanderte sie auf dem Platz herum. Sie konnte sich zwar nicht vorstellen, dass Herr Ascher in einem anderen Sektor stand. Das würde er nicht tun. Trotzdem musste sie ihn suchen.

Jemand trat ihr in den Weg.

Sie blickte auf.

Es war einer von den Leder-Jonnys. Allein.

Sie duckte sich, wollte wegrennen. Die Zuschauer bildeten eine feste Wand.

»Servus«, sagte er.

Sie starrte auf ihre Fußspitzen.

»Deine Pulswärmer sind gut. Solche hätte ich auch gern«, sagte er.

Wird er sie mir wegnehmen? Wegreißen? dachte Julie.

»Die gefallen mir echt«, sagte er.

Gleich packt er zu, dachte sie. Sie blickte auf. Sie wollte wenigstens sehen...

»Warum schaust denn so?«, fragte er.

Der sah ja ganz anders aus, allein. Stand anders da. Auf dem Kinn hatte er drei Pickel.

Langsam merkte Julie, dass er ihr nichts tun wollte. Trotzdem konnte sie nicht reden.

Er trommelte mit der rechten Hand auf seine linke Schulter.

»Bist du sauer wegen der Schildkröte? War nur Spaß. Wir fressen keine Schildkröten. Schildkröten fressen nur feine Leute.«

Sie schaffte es »ja« zu sagen.

»Was, du meinst, ich bin nicht fein?« Jetzt klang er wieder drohend. Und sein Gesicht kam näher. Seine Daumen hakten sich im Gürtel ein. Sie schwitzte. Sie spürte es nicht nur, sie roch es auch.

»Keine Angst. Ich will gar nicht fein sein.« Er lachte. Wenn er lachte, funkelten seine Augen. »Im Ernst – solche Pulswärmer hätte ich gern. Wo hast du sie her?«

»Gestrickt.«

Er würde sie ihr nicht wegreißen. Jetzt nicht mehr.

Zu ihrer eigenen Überraschung sagte sie: »Ich hab noch Wolle. Wenn du magst, bring ich sie dir nächsten Samstag.«

»Und was mach' ich damit?«, fragte er.

»Stricken.«

Er lachte, schlug sich auf die Schenkel, lachte, bis ihm Tränen über die Wangen liefen.

»Also du bist echt Spitze. Ich kann doch nicht stricken. Seh ich vielleicht aus, als ob ich stricken könnte?«

»Ich hab's auch nicht gekonnt, ich hab's extra dafür gelernt. Dann hab' ich mir noch die Mütze gestrickt.« Sie hatte fast keine Angst mehr vor ihm.

»Aber du bist ja auch ein Mädchen.«

Darauf wusste sie keine Antwort. Er erwartete auch keine. Er lachte.

»Ich kann's dir zeigen«, schlug sie vor. Jetzt musste auch sie lachen.

»Ja, hier auf dem Fußballplatz«, sagte er. »Da zahlen die Leute Eintritt, garantiert.«

Die Zuschauer begannen auf ihre Plätze zurückzugehen. Julie wurde abgedrängt.

Der Leder-Jonny kam ihr nach. »Überleg es dir«, sagte er. »Kommst du mit auf ein Bier, nachher?«

Sie schüttelte den Kopf.

»Na dann bis zum nächsten Mal.«

Er drehte sich um und ging davon. Seine Schlüssel klirrten. Der war gar nicht so gefährlich. Allein sicher nicht.

Julie ließ sich von der Menge zum Sektor N

schieben. Sie brauchte fast nichts zu tun, das ging fast von allein. Wie Treiben im Wasser.

Herr Ascher war nicht gekommen.

In der zweiten Halbzeit gab es gleich zu Anfang eine gelbe Karte für Bobo. An jedem anderen Tag hätte sich Julie ebenso aufgeregt wie die anderen in ihrem Sektor.

Das Spiel wurde immer härter, aber Julie schaute nur zu, heute war sie nicht mittendrin. Auch nicht, als das Getümmel im Strafraum so wild wurde, dass man kaum mehr unterscheiden konnte, wer wer war.

Bobos Schuss genau in die Kreuzecke weckte sie kurz auf. Aber dann erwischte sie sich wieder dabei, wie sie zum Ausgang schielte. Sie versäumte sogar einen Freistoß. Das ärgerte sie.

Sie war nicht richtig da. Ihr Kopf drehte sich zum Ausgang, auch wenn sie es nicht wollte.

Der Schlusspfiff ertönte.

9. Kapitel
Ein Telefongespräch im zweiten Anlauf

Auf dem Weg hinaus sah sie die Leder-Jonnys. Aber jetzt war die ganze Gruppe zusammen.

Herr Ascher hatte doch gesagt, dass er ganz allein wohnte.

Wenn er nun krank war?

Wenn ihm etwas passiert war?

Wenn er jetzt allein in seiner Wohnung lag?

Da gab es doch Nachbarn. Sicher gab es Nachbarn. Und sicher war Herr Ascher gut befreundet mit seinen Nachbarn.

Aber wenn die Nachbarn übers Wochenende weggefahren waren?

Oder wenn Herr Ascher mit ihnen gestritten hatte?

»Was kann ich denn tun?«, sagte Julie halblaut. »Nichts kann ich tun.«

Das half auch nicht.

Ich müsste ihn anrufen ...

Julie konnte das Telefon nicht leiden. Wenn sie

allein zu Hause war und das Telefon klingelte, bekam sie immer ein Flattern im Bauch. Sie verstand überhaupt nicht, warum Leute freiwillig telefonierten. Sie wusste nie, was sie am Telefon sagen sollte. Und wenn sie etwas ausrichten musste, verstand sie die Namen nicht.

Aber wenn Herr Ascher nun wirklich Hilfe brauchte?

Sie kam an einer Telefonzelle vorbei.

Wenn ich Münzen habe, dann versuche ich es, beschloß sie.

Sie hatte Kleingeld in der Hosentasche.

Oder soll ich lieber von zu Hause anrufen?

Nein, ausgemacht ist ausgemacht.

Julie betrat die Telefonzelle.

Einzelne Seiten waren aus dem Telefonbuch gerissen. Sie lagen auf dem Boden, dreckig und zerknüllt.

Sie schlug den ersten Band auf. Ab-, An-, As-... Da: Ascher Egon, Ascher Helga, Ascher Ignaz. Wie hieß Herr Ascher mit Vornamen?

Egon Ascher lebte in einem Bezirk am anderen Ende der Stadt, Ignaz Ascher im Nachbarbezirk.

Sie warf einige Münzen ein und wählte die Nummer von Ignaz Ascher.

Das Klingelzeichen tönte laut in ihrem Ohr, dreimal, viermal, fünfmal. Sie wollte schon auflegen, da hörte sie: »Ascher hier.«

War das Herr Ascher? Der, den sie kannte? Oder ein Fremder? Die Stimme klang anders, als sie sie in Erinnerung hatte.

»Hier Julie.«

»Hallo? Hallo! Wer spricht da? Hallo!«

»Julie, hier spricht Julie...«

»Hallo!« Das klang schon ärgerlich. Knacks. Der Hörer war aufgelegt worden.

Sie hatte vergessen den roten Zahlknopf zu drücken.

»Mist«, murmelte sie. »Verdammter Mist.«

Sollte sie es noch einmal versuchen? Sie würde erklären müssen, dass sie nicht einmal telefonieren konnte. Er wird mich für völlig blöd halten, dachte sie.

Am liebsten wäre sie gegangen.

Das gilt nicht, sagte sie sich. Jetzt muss ich einfach.

Sie wählte noch einmal. Wieder musste sie lange warten, aber dieses Mal hielt sie die Hand über dem roten Knopf.

»Ascher...«

Julie drückte auf den Knopf. Ihre Stimme zitterte, als sie sich meldete.

»Bitte sprechen Sie doch lauter.«

War er es nicht? Wie würde sie jetzt einem Fremden erklären...

»Hier spricht Julie!«, wiederholte sie.

»Julie!« Ja, das war Herr Ascher. Er klang gar nicht krank.

»Das ist aber schön, dass du anrufst. Was gibt's?«

Julie stotterte: »Ich ... also, weil Sie nicht beim Match waren ... und ich habe...«

Herr Ascher kam ihr zu Hilfe. »Da hast du gedacht, ich bin krank? Und den Moritz kann ich ja schlecht zum Arzt schicken, oder?«

»Ja«, sagte sie.

Sie hören Herrn Ascher schlucken. »Du ... du hast dir Sorgen um mich gemacht. Ja, wie finde ich denn das?« Er machte eine Pause.

Julie schwieg in den Hörer hinein.

»Also es war so«, sagte Herr Ascher, »ich habe unsere Hausmeisterin besucht, du weißt schon, die, von der ich den Moritz habe. Eigentlich wollte ich ja rechtzeitig gehen, aber sie hat sich so gefreut und da bin ich länger geblieben...«

»Ja«, sagte Julie.

»Wenn ich gewusst hätte, dass du dir Sorgen machst...«

Julie sah, wie weit der Zeiger in dem Feld vorge- krochen war.

»Das Telefon schnappt gleich ab!«, sagte sie. »Ich hab kein Kleingeld mehr.«

»Bis Samstag dann«, sagte Herr Ascher. »Und Julie ... vielen Dank, dass du angerufen...«

Es tutete in ihrem Ohr. Die Verbindung war un- terbrochen.

Julie stand da und hielt den Hörer in der Hand, bis das Tuten weh tat in ihrem Ohr. Dann erst hängte sie ein.

Der hatte sich richtig gefreut.

Sie verließ die Telefonzelle. Die Tür knallte hin- ter ihr zu.

Die Bäume am Straßenrand hatten schon grüne Blätter. Die mussten sich nur noch entfalten. Jetzt sahen sie noch zerknittert aus.

Ein Flugzeug malte einen weißen Glitzerstreifen über den Himmel.

Ich häkel eine Leine für den Moritz, dachte Ju- lie. In Grün und Orange, mit doppelter Wolle. Die ist dann sicher fest genug. Und oben nähe ich eine Schlaufe, wie bei einer Hundeleine, dann kann der

Herr Ascher sie bequem halten. Ich muss sie ziemlich lang machen, damit man sie dem Moritz bequem um den Panzer binden kann. Und damit er ein bisschen Auslauf hat.

Schade, dass man ihm kein Halsband machen kann.

Sie ging mit einem Fuß auf dem Gehsteig und dem anderen auf der Straße.

Eine Gruppe in schwarzen Lederjacken und Sturzhelmen sauste auf ihren Mopeds daher. Einer tat, als wollte er auf Julie zufahren. Sie sprang nicht auf den Gehsteig. Sie lachte den Schwarzbejackten an. Auf seinem Sturzhelm klebten Charly Brown und Snoopy.

Nächsten Samstag, dachte Julie.

Ich freu mich schon darauf.

Ihr Magen begann zu knurren.

Und aufs Abendessen freu ich mich auch, dachte sie.

Hamsterbücher
für Bücherhamster
Lesefutter für Leser und Leserinnen
ab 8 Jahren

Von Stief- und anderen Vätern
Unter dem Decknamen „Sebastian"
spionieren Holly und Joe ihrer
Mutter nach, weil sie keinen
x-beliebigen Stiefvater vor die Nase
gesetzt bekommen möchten. Eines
Nachts werden sie dabei zufällig
Zeugen einer Brandstiftung und
können so in letzter Minute das
Schlimmste verhindern.

Mo Kermode/B. Jub Mönster (Ill.)
Codename Sebastian
Aus dem Englischen von Nina Schindler
ISBN 3-480-20096-6
DM 15,80, öS 115,–, SFr 15,–

Abenteuer am Wattenmeer
Onkel Julius' Lieblingsforelle Lola
schwebt in Gefahr. Deshalb muss
leider Ellis Sparschwein dran glau-
ben, als sie beschließt, dem Fisch
das Leben zu retten. Von der japani-
schen Krankheit, einer außerge-
wöhnlichen Wattwanderung und
dem Fahrrad-Pferd Rambo erzählen
weitere Episoden.

Anja Goller & Thomas Brinx/
Silvio Neuendorf (Ill.)
Elli Hotelli
ISBN 3-480-20095-8
DM 15,80, öS 115,–, SFr 15,–

Esslinger
edition

Für Mädchen und Jungen
von 7 bis 9 Jahren

Anne will ein Zwilling werden. Aber Hannes, ihr großer Bruder, will einfach mit dem Älterwerden nicht auf sie warten.
So eine Gemeinheit! Anne muss sich wohl damit abfinden die Jüngste in der Familie zu bleiben. Nur: Unterbuttern lässt sie sich deswegen noch lange nicht...

Band 70321 Ab 7

Band 7305 Ab 8

Band 70299 Ab 9